EMPLOI DU BÉTON

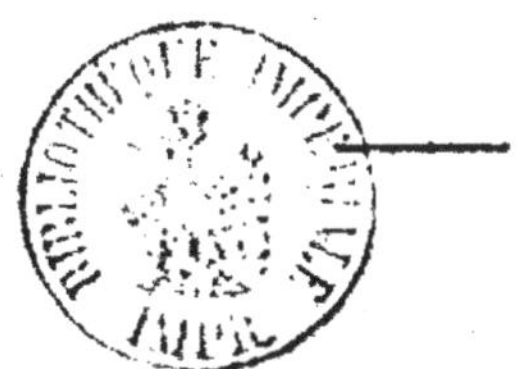

BREVET

DU 29 MARS 1855 (N° 22,994)

COIGNET

1861

BÉTON

BREVET DU 29 MARS 1855 (N° 22,994)

SON APPLICATION AUX CONSTRUCTIONS

MÉMOIRE DESCRIPTIF

POUR ÊTRE ANNEXÉ A LA DEMANDE D'UN BREVET D'INVENTION DE 15 ANS, PRIS LE 29 MARS 1855 (N° 22,994), POUR L'EMPLOI DE TOUTE ESPÈCE DE BÉTONS, OU MÉLANGE DE MATÉRIAUX PROPRES A LA CONSTRUCTION PAR UN MOULAGE DIRECT SUR LES MURS OU CONSTRUCTIONS AU FUR ET A MESURE DE LEUR ÉLÉVATION.

Jusqu'à ce jour les bétons ont été employés à faire des fondations contenues de chaque côté par la terre, à faire des massifs sous l'eau pour asseoir les piles de pont, à faire des fonds de citernes ou de réservoirs d'eau; mais ils n'ont jamais été employés à bâtir des murs ou autres constructions en élévation hors de terre, toutes les fois, du moins, qu'il s'est agi d'élever ces murs et constructions à une certaine hauteur.

On a aussi employé les bétons à la préparation de pierres factices qui, après une longue exposition à l'air acquièrent une dureté assez grande pour être employées à la construction, notamment à établir des jetées et des quais dans les ports de mer.

Le prix de revient élevé de ces pierres factices, le long temps qu'elles exigent pour arriver à une solidité suffisante, les vastes espaces dont elles ont besoin pour leur dessication, n'ont pas permis que ces pierres factices pussent être avantageusement employées à la place des pierres, moellons et briques dans les constructions ordinaires.

Le mode d'emploi des bétons, qui donne lieu à la demande du présent brevet, permet d'obtenir des murs et constructions aussi solides, aussi durables, que la maçonnerie en pierre de taille, et seulement moyennant un prix de revient de beaucoup inférieur à la maçonnerie la moins coûteuse en briques ou en moellons.

Pour cela faire, il s'agit de prendre les matériaux qui doivent constituer le béton.

Ces matériaux, par un moyen mécanique quelconque, sont mélangés ensemble à l'état humide.

Ils sont tenus aussi fermes que possible, c'est-à-dire à l'état de pâte très épaisse.

Ce béton, suffisamment broyé, est porté à bras d'hommes ou par une machine quelconque à la hauteur du mur ou de la construction en élévation.

Sur le mur ou la construction qu'il s'agit d'édifier, est établi un moule en bois ou en toute autre matière.

Ce moule se démonte au besoin en plusieurs pièces.

L'intérieur de ce moule est un espace vide ayant la forme que l'on a l'intention de donner au fragment de mur ou de construction qu'il s'agit d'élever.

Le béton est versé dans l'espace vide formé à l'intérieur du moule, et cela par couches assez minces; il est à l'instant tassé et comprimé par le choc d'un corps dur et pesant; de nouvelles quantités de béton sont ajoutées, tassées et comprimées, jusqu'à ce que l'espace vide formé par le moule soit plein.

Aussitôt plein, le moule est immédiatement démonté et transporté plus loin ou plus haut, et une fois établi à une nouvelle place, on recommence immédiatement la même opération.

Par ce moyen, un ouvrier assez adroit et assez intelligent, pour monter et démonter le moule, peut, avec le concours de six ou sept simples manouvriers faire par chaque jour de travail 8 à 10 mètres cubes de murs.

Le béton qui a été tassé et comprimé dans les moules reste donc en élévation exposé à l'air, au contact duquel il se dessèche et durcit avec une rapidité assez grande, pour que l'on puisse, à un jour ou deux de distance, remettre le moule et le remplir de nouveau sur une partie récemment moulée.

Par ce procédé, il est possible, avec un très petit nombre d'hommes, d'élever en quel ques semaines des maisons, des murs ou autres constructions, aussi hautes que les plans de l'architecte peuvent l'exiger, quelle que soit celle hauteur.

Par le même moyen, on peut jeter des voûtes, des ponts et même établir des portées horizontales de plusieurs mètres, en un mot, réaliser plus facilement qu'avec la pierre ou la brique toutes les hardiesses de l'art de construire.

Ce genre de constructions offre des avantages inouïs au point de vue de la solidité, de la durabilité, de la salubrité et par-dessus tout de l'économie.

Solidité. — Les murs de béton, établis d'après le procédé, ci-dessus, offrent une solidité plus grande même que la maçonnerie en pierres de taille, à bien plus forte raison que la maçonnerie en moellons et en briques, parce que chaque fragment de construction, égale à la capacité intérieure du moule, peut être considéré comme une seule pierre de taille, quelle que soit la longueur du moule, fût-elle de plusieurs mètres! (Elle est ordinairement de 4 mètres.)

Parce que ces parties moulées étant élevées sur d'autres parties récemment moulées et encore fraîches et humides se soudent avec elles de manières à ce qu'une maison, par exemple, bâtie par ce procédé, peut être considérée comme taillée dans une seule et immense pierre, n'ayant aucune fissure et étant partout d'une parfaite homogénéité.

Durabilité. — La durabilité en est établie par le fait de cette propriété bien connue des bétons, d'aller toujours en durcissant de plus en plus au contact de l'air et de l'humidité, [illegible]s qu'à la longue les intempéries altèrent plus ou moins rapidement les autres modes de construction.

En outre, parce que toutes les parties d'une construction étant reliées entre elles, comme ne formant qu'une seule pierre, les murs ne peuvent perdre leur aplomb, même par le tassement des terres; jamais il ne se produit de lézardes.

Salubrité. — Les murs en béton, étant vigoureusement tassés et comprimés, sont imperméables à l'humidité; ils ne sont jamais salpêtrés.

Economie. — L'économie qui résulte de ce genre de constructions, provient de ce que le mètre cube du meilleur béton ne dépasse jamais le prix de 6 à 8 francs au plus, y compris le moulage, prix qui, suivant les localités, peut tomber au-dessous de 4 francs, tandis que le mètre cube de la plus mauvaise maçonnerie ne coûte pas moins de 14 à 20 francs, selon les localités.

On aurait donc, pour une dépense maximum de 6 à 8 francs le mètre cube, une maçonnerie au moins aussi solide, durable et saine, que celle de pierres de taille, qui coûte environ 100 francs le mètre cube.

L'économie provient également de ce que ce genre de construction n'exige la présence que d'un seul homme assez adroit pour monter et démonter le moule, et le concours que de simples manouvriers sans aucun apprentissage.

Moyennant ce mode, chacun peut être son propre maçon et se construire soi-mê[illegible] son domicile.

Ce mode offre encore un avantage inappréciable; il prévient le transport de ces pier[illegible] gigantesques, cause de tant d'accidents; il évite également tous les engins qu'exigent [illegible] constructions actuelles, et qui par leur mauvais état et la chute des grosses pierres co[illegible] tent si souvent la vie aux malheureux ouvriers.

Vu pour être annexé au brevet de quinze ans, pris le 29 mars 1855 par le sieur Coign[illegible]

Certifié conforme.

Paris, le 19 Juin 1855.

Le ministre secrétaire d'Etat au département de l'agricultu[illegible] du commerce et des travaux publics.

Pour le ministre,

Le chef de division délégué,

Signé : Audiganne.

EMPLOI DES BÉTONS

ADDITION

AU BREVET DU 29 MARS 1855 (N° 22,994)

COIGNET

(30 JUIN 1855)

MÉMOIRE

A L'APPUI D'UNE DEMANDE DE CERTIFICAT D'ADDITION AU BREVET D'INVENTION DE QUINZE ANS, PRIS LE 29 MARS 1855 (N° 22,091), POUR L'EMPLOI DE TOUTES ESPÈCES DE BÉTONS A LA CONSTRUCTION DE MURS EN ÉLÉVATION.

De temps immémorial il est d'usage, dans certaines contrées de la France, de construire des habitations, d'élever des murs au moyen de terre ordinaire, moulée et comprimée par le choc d'un corps dur et pesant, dans un moule mobile établi sur le mur lui-même en construction. Ce genre de construction se nomme *pisé*.

En outre, depuis quelques années, on emploie de la même manière que l'est la terre dans le pisé, une espèce de béton, composé de cendre et scories de houille mélangées à de la chaux grasse.

Le brevet que j'ai demandé pour l'emploi de toutes espèces de bétons à la construction de murs en élévation ne porte donc, ni sur le procédé de bâtir, qui consiste à mouler et comprimer les matériaux sur les murs, même en élévation, ainsi que cela a lieu, pour le pisé, ni sur l'emploi du béton de cendres de houille.

Ma demande porte sur l'application du mode de construire usité pour le pisé de terre et le béton de cendres de houille, à l'emploi de tous les autres bétons qui n'ont point été encore employés de la même manière, quelle que soit d'ailleurs leur composition, qu'ils soient composés de terre cuite ou non cuite, ou de toute autre espèce de matériaux; qu'ils soient à base de chaux grasse, de chaux hydraulique, de ciments naturels ou artificiels, de pouzzolanes ou autres; que la construction des murs en élévation ait lieu au-dessus ou au-dessous de la surface du sol et quelle que soit leur forme et leur emploi.

Signé : FRANÇOIS COIGNET,
Manufacturier à Paris, 90, rue Hauteville.

Il est bien entendu que sous le nom de murs en élévation je comprends toute espèce de murs et de constructions, aussi bien au-dessous qu'au-dessus du sol, que ces murs soient verticaux, horizontaux, ou en forme de voûte, quelle que soit leur application à la construction des maisons de tous genres : cités ouvrières ou autres, ateliers, magasins, entrepôts voûtés ou non, réservoirs d'eau, fosses d'aisances, etc.

Signé : François Coignet.

Vu pour être annexé au certificat d'addition, pris le 30 juin 1855 par le sieur Coignet.

Paris, le 16 octobre 1855.

Pour le Ministre et par délégation,

Le chef de division,

Signé : E. Julien.

Pour expédition certifiée conforme.

Le chef de bureau délégué,

Signé : Amigant.

EMPLOI DU BÉTON

ADDITION

AU BREVET DU 29 MARS 1855 (N° 22,994)

COIGNET

(11 DÉCEMBRE 1855)

BÉTONS

ADDITION AU BREVET DU 20 MARS 1855 (N° 22,904)

MÉMOIRE

À L'APPUI D'UN CERTIFICAT D'ADDITION A UN BREVET D'INVENTION DE QUINZE ANS, PRIS LE 29 MARS 1855 (N° 22,904), POUR L'EMPLOI DES BÉTONS MOULÉS ET COMPRIMÉS SUR LE MUR MÊME, DANS LES CONSTRUCTIONS EN GÉNÉRAL.

Les travaux que j'ai accomplis depuis le 20 mars 1855, me permettent de demander un certificat d'addition pour diverses améliorations et perfectionnements, et de préciser mieux l'objet et les termes de ma demande.

En conséquence, je rectifie les termes de ma demande ainsi qu'il suit :

J'ai demandé un brevet d'invention de quinze ans pour la construction de toutes espèces de travaux de maçonnerie quelconque, par l'emploi de certains bétons à base de chaux grasse ou hydraulique, moulés et comprimés sur le mur en élévation lui-même, sans qu'il soit besoin d'employer dans ces constructions aucun revêtement, ni parement en pierres, en briques, en ciments quelconques, hydroplastiques ou autres, ou en tous autres matériaux, ni aucuns soubassements en pierres ou en briques, ni aucunes grosses ferrures, chaînages, ancrages, tirants; ni aucunes pierres ni briques dans l'ensemble des constructions.

Je demande, en outre, ledit brevet d'invention pour la préparation de la composition de ces certains bétons propres à ce genre de construction.

Les bétons pour lesquels je demande le présent certificat d'addition sont à base de chaux grasse ou hydraulique ; ils sont composés ainsi qu'il suit :

1° Béton composé de sables, graviers, cailloutis, débris de pierres, avec addition d'une certaine proportion de terre plus ou moins argileuse crue; le tout mélangé avec une certaine proportion de chaux grasse ou hydraulique.

2° Béton composé de sables, graviers, cailloutis, débris de pierres et d'une certaine proportion de terre plus ou moins argileuse crue, avec addition de cendres et scories de houille pilées ou non; de résidus et scories de travaux métallurgiques pilés ou non; de terres plus ou moins argileuses cuites pilées ou non; de pouzzolanes naturelles ou artificielles pilées ou non, ajoutées ensemble ou séparément; le tout mélangé avec une certaine proportion de chaux grasse ou hydraulique.

3° Béton composé de sables, graviers, cailloutis, débris de pierres avec addition de cendres et scories de houille pilées ou non, de résidus et scories de travaux métallurgiques pilés ou non; de terres quelconques *cuites* pilées ou non; de pouzzolanes naturelles ou artificielles pilées ou non, ajoutées ensemble ou séparément; le tout mélangé avec une certaine proportion de chaux grasse ou hydraulique.

4° Béton composé de sables très ténus, tels que sables des landes, des dunes, sables analogues à ceux de Fontainebleau ou de Montmorency, sables marneux ou argileux avec addition de cendres et scories de houille pilées ou non; de résidus et scories de travaux métallurgiques, pilés ou non; de terres quelconques *cuites* pilées ou non; de pouzzolanes naturelles et artificielles pilées ou non, ajoutées ensemble ou séparément; le tout mélangé avec une certaine proportion de chaux grasse ou hydraulique.

5° Béton composé de sables impalpables ou très ténus, tels que sables des landes, des dunes, sables analogues à ceux de Fontainebleau ou de Montmorency; sables marneux ou argileux, crus, avec addition d'une certaine quantité des mêmes sables *cuits* (quand je parle de matériaux *cuits*, je veux dire qu'ils ont été rougis au feu); le tout mélangé avec une certaine proportion de chaux grasse ou hydraulique.

6° Béton composé ainsi qu'il est dit dans les cinq paragraphes ci-dessus, mais dans lequel on introduit une certaine proportion de cendres de bois.

7° Béton composé ainsi qu'il est dit ci-dessus, et dans lequel on introduirait une certaine proportion de ciment quelconque.

Ces bétons doivent être préparés ainsi qu'il suit :

La chaux grasse ou hydraulique doit être éteinte avec soin et de manière à former une pâte épaisse et compacte.

Les cendres et scories de houille, les résidus et scories de travaux métallurgiques, les terres quelconques *cuites*, les pouzzolanes naturelles ou artificielles, doivent, autant que faire se peut, être réduits en poudre très fine, ce qui permet d'en employer beaucoup moins.

Les terres plus ou moins argileuses *crues* doivent être désagrégées ou humectées assez pour se diviser facilement et se mélanger avec les autres matériaux.

Alors, au moyen d'un appareil mélangeur, le bras de l'homme étant insuffisant, on opère le mélange des divers matériaux qui doivent constituer le béton que l'on veut employer.

A la rigueur, ce mélange peut être opéré par un seul broyage; mais ce mode est très imparfait, [illegible] ui reconnu qu'il y a grand avantage de solidité et d'économie à procéder au mélange ainsi qu'il suit :

S'il s'agit du béton indiqué au § nº 1 : par un premier broyage, on mélange la chaux avec les sables, graviers, cailloutis, et par un second broyage, on mêlera le mortier obtenu par le premier broyage avec la terre *crue*.

S'il s'agit du béton nº 2 : par un premier broyage, on mêlera la chaux avec les cendres et scories de houille, pilées ou non; avec les résidus et scories de travaux métallurgiques, pilées ou non; les pouzzolanes, pilées ou non; les terres *cuites*, pilées ou non; et par un second broyage, on mêlera le mortier ainsi obtenu avec les sables, graviers, cailloutis et avec la terre *crue*.

S'il s'agit du béton nº 3 : par un premier broyage, on mêlera la chaux hydraulique avec les cendres et scories de houille, les cendres et scories de travaux métallurgiques, les terres cuites, les pouzzolanes, pilées ou non; et par un second broyage, on mêlera le mortier ainsi obtenu avec les sables, graviers, cailloutis, débris de pierres.

S'il s'agit du béton nºˢ 4 et 5 : par un premier broyage, on mêlera la chaux grasse ou hydraulique avec les sables ténus et *cuits*, si on en emploie, ou avec les cendres et scories de houille, les résidus et scories de travaux métallurgiques, les *terres cuites*, les pouzzolanes, pilées ou non; et par un second broyage, on opérera le mélange du mortier ainsi obtenu avec les sables ténus et *crus*, quels qu'ils soient.

Dans le cas où on emploierait de la cendre de bois ou un ciment quelconque, ils doivent être introduits dans le premier broyage.

Alors, quelle que soit la nature du béton, quel qu'ait été le mode de broyage et de mélange, le béton doit être obtenu en pâte très épaisse, presque pulvérulente, assez ferme pour pouvoir s'agglomérer sans fuir par le choc de la compression.

Ce béton, épais et ferme, est porté dans un moule établi sur le mur lui-même qu'il s'agit d'élever.

Ce moule est semblable ou analogue à celui qui est employé de temps immémorial dans les constructions de *pisé*.

La partie vide de ce moule, dans laquelle on verse le béton, doit avoir la forme que l'on veut donner à la maçonnerie, que les parois en soient verticales ou en saillies et reliefs, tels que corniches, rampes, attiques, bandeaux, entablements, balcons, ornements de tous genres, etc.

Par ce moyen, le creux du moule donne en plein ou en relief des surfaces et des murs en bétons moulés et comprimés, sans qu'il y ait lieu d'employer aucun revêtement, ni parement extérieur, ni massif ou carcasse à l'intérieur, tout étant en béton, moulé sur le mur même et en place.

Le béton apporté dans le moule y est tassé, comprimé et aggloméré par le choc répété d'un corps dur et pesant.

Aussitôt que la prise du béton a eu lieu, et même sans attendre cette prise, s'il s'agit de murs verticaux, on démonte le moule et on le transporte ailleurs pour recommencer.

Je dis que ces bétons, préparés d'après mes procédés, peuvent être employés à construire, à élever toute espèce de maçonnerie en général, sans revêtements, ni parements en pierres, en briques, ni en ciments hydroplastiques ou autres.

C'est ainsi que, par ce procédé, on peut construire toute espèce d'habitation, quelle qu'en soit d'ailleurs la destination, la nature, la grandeur, ainsi que la forme, qu'elles soient élevées à la ville ou à la campagne, qu'elles soient élevées au-dessus ou au-dessous de la surface du sol. Sous ce nom d'habitation, je comprends toutes caves et leurs voûtes, les égouts, les fosses d'aisances, les murs en élévation, murs de façade, ou murs de refend, toutes baies de portes et fenêtres fermées à la partie supérieure par des plates-bandes cintrées ou horizontales, toujours en béton moulé, quelle que soit d'ailleurs la portée de ces plates-bandes; toutes aires remplaçant les dallages et carrelages (ces aires sont toutes en béton moulé sur place); toutes toitures, le béton formant une aire servant de toit; toutes marches d'escaliers avec leurs appuis et soutiens; toutes saillies et reliefs, tels que corniches, rampes, balcons, bandeaux, entablements, appuis de croisées, ornements de tous genres; tous puits, citernes, fosses à engrais, aires à battre le blé; en un mot, tout ce qui concerne la maçonnerie quelconque destinée aux habitations.

Ces constructions pour habitation sont intégralement faites en bétons moulés et comprimés sur le mur même, sans qu'il y ait lieu d'employer aucune pierre, aucune brique, aucuns ciments hydroplastiques ou autres, soit comme soubassements, revêtements, parements, pourtours de portes et fenêtres, saillies et reliefs, etc.

On peut aussi construire par ce procédé tous ateliers agricoles ou manufacturiers, voûtés ou non; toutes aires d'ateliers ou de cours et passages; tous réservoirs d'eau ou de tout autre liquide; toutes fosses destinées à contenir des gazomètres; tous blocs et massifs destinés à asseoir et maintenir toutes machines à vapeur ou autres, pompes, etc.; tous égoûts, citernes, massifs de fourneaux; tous travaux d'hydraulique et de viabilité, aqueducs de toutes dimensions et de toutes longueurs, ponts, ponceaux, canaux, avec leurs berges, égoûts, quais, digues, barrages, écluses, réservoirs d'eau de toute capacité, citernes, ainsi que viaducs, murs de soutènement de toute hauteur et de toute épaisseur;

Tous magasins destinés à conserver les céréales, les huiles ou toutes autres denrées solides et liquides, telles que fosses de tanneries, fosses à rouir le lin et le chanvre;

Tous travaux pour les chemins de fer, gares, entrepôts, ateliers, fosses de plaques tournantes, blocs pour remplacer les traverses en bois et pour supporter les coussinets, maisons de garde, murs de soutènement, ponts et viaducs, etc.;

Tous blocs destinés à préserver les fils électriques.

Tous ces travaux, sans exception, devant être faits avec les bétons composés et préparés suivant mes procédés, et moulés et comprimés sur le mur même, sans qu'il y ait lieu, en aucun cas, d'employer aucuns soubassements en pierres, aucuns revêtements, ni parements en pierres, en briques, ou en ciments hydroplastiques ou autres.

D'après ce qui précède, la présente demande de brevet d'invention porte sur les points suivants :

1° Composition et préparation de certains bétons durcissant avec une grande énergie, donnant des murs aussi solides et aussi durs que ceux élevés en bonne pierre ou en briques, tout en obtenant une économie énorme sur tous les moyens de construire connus;

2° Pour avoir réussi à composer ces bétons et à les préparer en n'employant qu'une proportion très réduite de chaux grasse ou hydraulique, un vingtième ou un dixième au plus;

3° Pour avoir, au moyen de ces bétons, élevé toutes espèces de constructions, sans avoir employé aucune espèce de soubassements, de parements, de revêtements en pierres, en briques, en ciments hydroplastiques ou autres, ni aucun linteau en bois ou en fer, ni aucune grosse ferrure pour maintenir les murs et les charpentes;

4° Pour avoir fait des bétons durcissant avec énergie, au moyen de sables très ténus, sables des landes; des divers sables analogues à ceux de Fontainebleau et de Montmorency, sables marneux ou argileux;

5° Pour avoir fait cuire certains de ces sables ténus de manière à pouvoir s'en servir pour remplacer les cendres de houille, pilées ou non, les résidus et scories de travaux métallurgiques, les terres argileuses *cuites*, les pouzzolanes naturelles ou artificielles, pilées ou non.

Cette calcination ou cuisson d'une partie des sables ténus a surtout une grande importance lorsqu'il s'agit de sables marneux ou argileux;

6° Pour avoir établi des toitures, des aires des dallages en bétons moulés et comprimés sur place;

7° Pour avoir reconnu que ces bétons moulés et comprimés sur place, sans aucune espèce de revêtements, de parements, de soubassements, en pierres, en briques, en ciments hydroplastiques ou autres, pouvaient être employés avec un immense avantage d'économie, de solidité et d'hydraulicité à toutes espèces de travaux hydrauliques, de viabilité et de chemins de fer;

8° Pour avoir reconnu que ces bétons, moulés et comprimés, sans aucune espèce de parements, de revêtements, soubassements, pouvaient être employés avec non moins d'avantages, à toute espèce de réservoirs d'eau ou d'autres liquides, fosses à tanneries, fosses de gazomètres, fosses à rouir le lin ou le chanvre, citernes, égouts publics et privés, fosses d'aisances;

9° Pour avoir reconnu que ces bétons préparés, composés d'après mes procédés et moulés et comprimés sur place, pouvaient être employés à établir toutes fondations de machines à vapeur ou autres, tous blocs massifs destinés à soutenir, fixer, sceller toutes espèces de machines quelconques.

Signé : François Coignet,

90, rue Hauteville, à Paris.

Comme addition à la présente demande, je demande ledit brevet d'invention pour un nouveau système de planchers économiques, construits en bétons moulés et comprimés sur le plancher même, lesdits bétons lissés par-dessus et par-dessous, et formant pa séquent plafonnage et carrelage.

Voici comment je procède :

Je pose par les deux bouts, sur les murs entre lesquels il s'agit d'établir un plar un certain nombre de poutrelles en fer d'une grosseur proportionnée à la portée les murs.

Au-dessous de ces poutrelles, on établit un faux plancher analogue à celui qui est pour les plafonds ordinaires en plâtre. Entre ce faux plancher et les poutrelles en fe doit ménager une distance d'au moins cinq centimètres.

Alors on verse le béton sur le faux plancher, on le tasse et le comprime, suivan procédés décrits dans le présent brevet, on ajoute de nouveau béton jusqu'à ce q surface tout entière étant recouverte il se trouve au-dessus des poutrelles une épai d'au moins cinq centimètres, de telle sorte que si les poutrelles avaient douze cent tres, le plancher aurait en totalité vingt-deux centimètres d'épaisseur.

La surface supérieure est tenue lisse par le frottement, la surface intérieure se tr lisse aussi par le fait du faux plancher construit en planches de sapin, blanchie rabot.

Ces planchers de béton deviennent assez durs pour servir de carrelage et être ve comme les carreaux ordinaires.

Pour imiter les plafonds ordinaires en plâtre, il suffit de passer un lait de chaux colle, de papier blanc, etc.

Ces planchers de béton doivent porter sur les murs par les quatre côtés.

Signé : FRANÇOIS COIGNET.

Vu pour être annexé au certificat d'addition, pris le 11 décembre 1855, par le si Coignet.

Paris, le 29 janvier 1856.

Pour le ministre et par délégation.

Le chef de division,

Signé. JULIEN.

Pour expédition certifiée conforme.

Le chef de bureau délégué,

Signé : AUDIGANE.

EMPLOI DU BÉTON

ADDITION

AU BREVET DU 19 JUIN 1855 (Nº 22,994)

COIGNET

BÉTONS

ADDITION AU BREVET DU 29 MARS 1855 (N° 22,994)

MÉMOIRE

A L'APPUI D'UNE DEMANDE DE CERTIFICAT A UN BREVET D'INVENTION DE QUINZE ANS QUE J'AI DEMANDÉ LE 29 MARS 1855 (N° 22,994), POUR L'EMPLOI DE TOUTES ESPÈCES DE BÉTONS DANS LES CONSTRUCTIONS EN GÉNÉRAL.

A la même date du 29 mars 1855, j'ai demandé un autre brevet d'invention de quinze ans, lequel m'a été délivré le 18 juin 1855, sous le numéro 22,950, pour un béton économique sans chaux hydraulique, ces deux brevets étant chacun accompagnés de plusieurs certificats d'addition.

C'est ainsi que le brevet portant le n° 22,950 a reçu la rectification suivante :

J'ai demandé ledit brevet d'invention pour la composition, la préparation et le mode d'emploi de certains bétons économiques, à bases de chaux grasse ou hydraulique; par suite de cette rectification, je puis donc retrancher dans le mémoire à l'appui de la demande du brevet qui m'a été accordé le 19 juin 1855, et sous le n° 22,994, tout ce qui a rapport à la composition, à la préparation et au mode d'emploi de certains bétons, toutes choses suffisamment décrites dans ladite demande et dans les demandes à l'appui des certificats d'addition y annexés, et je puis réduire, ainsi qu'il suit, les termes des demandes que j'ai faites à l'appui du brevet portant le n° 22,930 et des certificats d'addition y annexés.

En conséquence, je demande le présent brevet d'invention de quinze ans pour la construction de toute espèce de travaux de maçonnerie, sans exception, au moyen de l'emploi de certains bétons, composés, préparés et mis en œuvre conformément au brevet que j'ai demandé le 29 mars 1855, lequel m'a été délivré le 18 juin 1855, sous le n° 22,930, et aux certificats d'addition qui y ont été annexés.

Ces constructions, quelles qu'elles soient, devant être élevées sans revêtements en pierres, en briques ou en ciments quelconques, sans aucun soubassement en pierres ou en briques, en un mot, sans emploi d'aucunes pierres ou briques, même pour le pourtour des portes et fenêtres, ou de toutes autres baies ou ouvertures, même pour les angles et chaînages, même pour les corniches, entablements et ornements.

Dans ces constructions sont compris tous bâtiments à destination d'habitation, quelles qu'en soient la grandeur, la forme et la destination, qu'ils soient élevés à la ville ou à la campagne, au-dessus et au-dessous de la surface du sol.

Ces bâtiments comprennent toutes caves, avec leurs voûtes, lesquelles, moyennant une aire générale également établie en béton de même nature, peuvent être rendues parfaitement étanches et inaccessibles à l'infiltration des eaux extérieures; il suffit pour cela d'établir le pourtour des caves en murs pleins toujours construits au moyen de ces bétons, et de couvrir la surface du sol d'une aire suffisamment épaisse en béton;

Toutes fosses d'aisance, citernes, réservoirs qui, construits au moyen de ces bétons, sont complétement étanches, et n'exigent aucun revêtement en ciments quelconques;

Tous puits ou puisards;

Tous égouts également étanches et n'exigeant aucuns conduits;

Tous murs en élévation, quels que soient leur hauteur, leur forme, le nombre des étages, qu'ils forment façade ou soient murs de refend;

Toutes baies et ouvertures, portes, fenêtres fermées à la partie supérieure par des plates-bandes cintrées ou horizontales en bétons moulés, sans y employer aucuns linteaux en bois ou en fer, et sans qu'il y ait lieu d'employer dans le pourtour aucunes pierres, aucunes briques;

Toutes aires en bétons moulés sur place et remplaçant les carrelages, dallages, bandeaux et caissons à tous usages;

Tous planchers quelconques, quelle que soit l'ouverture de leur surface, leur destination et leur situation.

Soit que ces planchers soient établis sur des voûtes ou sur des charpentes en fer, en fonte ou en bois, soit plus spécialement ceux établis ainsi qu'il suit :

Pour établir ce genre de planchers, on place sur les murs qui doivent supporter le plancher un certain nombre de poutrelles en fer, rangées parallèlement entre elles, et portant sur les murs par leurs extrémités, de manière à ce que ces extrémités appuient à peu près sur toute l'épaisseur du mur. Le nombre et la force de ces poutrelles doivent être proportionnés à la portée et à la surface des planchers que l'on veut établir.

Pour un plancher de 4 m. 50 cent. élevé au carré, soit de 20 m. 25 cent. de superficie, 'ai uni trois poutrelles de 0 m. 125 millim. de hauteur et du poids de 11 kilos le mètre ourant.

On peut, au lieu de poutrelles, établir à une certaine distance les unes des autres des ringles en fer, traversant de part en part les quatre murs devant supporter le plancher, t de manière à les croiser symétriquement en formant une espèce d'échiquier. Ces tringles, taraudées et portant écrou à chaque extrémité, forment autant de tirants destinés à mpêcher l'écartement des murs. Dans le cas où les planchers à établir auraient une rande portée, une vaste superficie, on pourrait, de distance en distance, établir de fores poutres en fer, sur lesquelles reposeraient les poutrelles et les tringles.

Ensuite, que l'on ait établi des poutrelles ou des tringles, on dresse au-dessous, et à ne distance d'au moins 5 centimètres, un faux plancher analogue à celui dont on se sert our construire les plafonds ordinaires de plâtre.

Ce faux plancher doit avoir la forme que l'on veut donner à la partie inférieure des lanchers à obtenir, à savoir, la simple forme horizontale, ou bien celle en caissons, en oussures, en creux, en reliefs, en ornements quelconques, etc.

On verse ensuite sur les faux planchers du béton que l'on tasse, agglomère, comprime, uivant les procédés ci-dessus décrits, et on ajoute peu à peu de nouveau béton, jusqu'à e que poutres, poutrelles et tringles, complétement noyées dans ledit béton, en soient ecouvertes et qu'on ait obtenu l'épaisseur totale que l'on désire.

La surface supérieure doit être planée à la règle et lissée par un moyen quelconque.

On laisse ensuite durcir le béton pendant un temps suffisant, puis le durcissement obnu, on retire le faux plancher.

Afin d'augmenter la dureté de la surface de ces planchers, et d'enlever l'alcalinité de chaux, on peut lotionner la surface avec une solution de bi-phosphate de chaux.

Cela fait, il ne reste plus qu'à passer une peinture à la partie inférieure et une couche 'encaustique à la partie supérieure pour obtenir des planchers remplaçant avec un avange immense d'économie et de solidité tous les systèmes ordinaires de planchers.

Ces bâtiments comprennent aussi toutes toitures, quelle qu'en soit la forme, en coules, en dômes, en toits mansardés, ou en terrasse ou de toute autre forme.

En ce qui concerne les toits formant terrasse, ce sont tout simplement des planchers nstruits ainsi qu'il vient d'être dit ci-dessus, c'est-à-dire avec un système de poutrelles de tringles noyées à l'intérieur du béton seulement; plus encore que les planchers, doivent être profondément imbibés de bi-phosphate de chaux, afin d'être mis mieux l'abri de l'action des intempéries; en outre, la partie supérieure doit porter la pente cessaire à l'écoulement des eaux.

Quant aux toitures en forme de mansardes, de dômes, de coupoles, on établit une charnte ou cintrage ayant la forme que l'on veut donner à la toiture et venant à juxtaposin joindre la partie intérieure des murs formant la cage du bâtiment sur lequel on veut ablir une toiture.

Alors, sur ces murs, et en continuité, on apporte du nouveau béton, en s'appuyant toufois et progressivement sur la charpente formant moule; on tasse, on agglomère comme sage; le pourtour entier de ladite toiture doit être élevé simultanément et par assises concentriques, jusqu'à ce que le sommet soit atteint; ce sommet peut se terminer en o verture à jour en forme de lanterne ou autrement.

On lisse soigneusement la surface extérieure, puis, quand le béton est pris et sec, lotionne fortement la partie extérieure avec une solution de bi-phosphate de chaux et enlève le cintrage.

Les rigoles, chenaux, peuvent aussi être réservés dans le béton sans y employer auc enduit ni revêtement en ciment ou en métal.

Dans ces bâtiments sont aussi compris toutes saillies, reliefs et ornements; tels q corniches, rampes, balcons, bandeaux, entablements, apparences de pierre de taille, a puis de croisées, attiques, etc.;

Toutes marches d'escaliers, avec ou sans garniture de fer, ou de fonte ou de bois.

Dans les constructions, sont également compris tous bâtiments agricoles, cellie granges, fenils, puits, citernes et fosses à engrais, aires à battre le blé, caves de tou dimensions;

Tous ateliers industriels, voûtés ou non, toutes aires d'ateliers, cours et passages;

Tous travaux d'hydraulique, tels que aqueducs de toutes dimensions, réservoirs, bi écluses, barrages des cours d'eau, berges des canaux, quais de toute espèce, digues su mersibles et insubmersibles, ponts, ponceaux, égouts de toutes dimensions, citern fosses de toutes dimensions, telles que fosses à gazomètres, fosses à rouir le lin et chanvre, fosses pour tanner les cuirs, fosses pour préparer la pâte de porcelaine;

Tous silos et magasins destinés à contenir et conserver toutes matières solides et quides, telles que céréales de toute espèce, huiles, etc.;

Tous travaux de viabilité, tels que viaducs, tunnels, ponts, ponceaux, berges routes;

Tous les travaux d'hydraulique et de viabilité, intégralement en béton, suivant m procédés brevetés, et sans y employer ni pierres, ni briques, ni aucune espèce d'endui revêtements en ciments ou autres matières; tous en travaux de béton étant rendus p faitement étanches par l'agglomération, le lissage à la truelle et les lotions de bi-phosph de chaux;

Tous travaux pour les chemins de fer, tels que dallage entre les rails, dallage quais, entrepôts, gares et stations et des ateliers, construction de tous ateliers, entrepô magasins, voûtés ou non, en bétons; gares, stations, maisons, tunnels, viaducs, pon ponceaux, égouts, murs de soutènements et de clôtures, réservoir d'eau, hangards, qua fosses de tous genres, longuerines pour supporter les rails, fosses de plaques tournan et de grues, en un mot tout ce qui, dans les chemins de fer, se fait ou peut se faire maçonnerie;

Tous massifs et blocs destinés à asseoir, maintenir, fixer au sol toutes espèces de m chines quelconques;

Tous blocs de bétons destinés à entourer et préserver les fils électriques.

En conséquence de ce qui précède, la présente invention porte en général sur l'app cation des bétons composés, préparés et mis en œuvre conformément au brevet qui n té accordé sous le n° 22,930, à la construction de toutes espèces de travaux de maçonnerie n général, mais plus particulièrement sur les points suivants et spéciaux :

1° Pour avoir reconnu la possibilité de construire toute espèce de bâtiments quelconques, sans revêtements ni parements de pierres ou de briques; sans soubassements de pierres ou de briques, sans enduits ou revêtements de ciments quelconques ou autres matières, sans linteaux en bois ou en fer;

2° Pour avoir établi les caves, fosses d'aisance, égouts et citernes, parfaitement étanches, sans enduits, parements ni masticage, au moyen de l'emploi desdits bétons et par l'établissement d'une aire générale, imperméable à la partie inférieure des maisons;

3° Pour avoir établi toutes baies, ouvertures, pourtours de portes et fenêtres, sans y employer aucunes pierres, aucunes briques, aucuns linteaux en fer ou en bois;

4° Pour avoir reconnu que les constructions en béton, par un lissage à la truelle et par des lotions de bi-phosphate de chaux, étaient rendues imperméables, d'où résulte la suppression de toutes espèces d'enduits;

5° Pour avoir établi des aires qui remplacent tout dallage et carrelage;

6° Pour avoir établi des toitures en terrasse, sans voûte et sans enduit, sans peintures faites avec des corps résineux ou autres;

7° Pour avoir reconnu la possibilité d'établir des toitures en forme de coupole ou de dôme ou de toits mansardés, sans tirants, sans liens et sans couvertures à l'extérieur;

8° Pour avoir reconnu les avantages précieux de l'emploi du bi-phosphate de chaux;

9° Pour avoir établi toutes saillies, reliefs, ornements, corniches, rampes, balcons, attiques, bandeaux, entablements, apparence de pierres de taille, le tout en béton moulé et aggloméré sur place, sans carcasse intérieure en pierres, ou en fer ou en briques;

10° Pour avoir établi des marches d'escaliers en béton;

11° Pour avoir reconnu la possibilité d'établir tous bâtiments quelconques, avec planchers et toitures en béton, en forme de voûtes et coupoles ou autrement, de manière à n'employer aucun bois et à être à l'abri de l'incendie;

12° Pour avoir reconnu la possibilité d'établir toutes espèces de travaux d'hydraulique, sans enduits, sans revêtements, sans pierres, sans briques;

13° Pour avoir reconnu la possibilité d'établir toutes espèces de silos et magasins parfaitement imperméables à l'humidité et aux variations atmosphériques;

14° Pour avoir reconnu la possibilité d'établir tous hangars, ateliers, entrepôts, magasins, gares, stations, maisons pour les chemins de fer avec toitures en béton;

15° Pour avoir reconnu la possibilité d'établir le revêtement des tunnels plus solidement qu'avec de la pierre;

16° Pour avoir reconnu la possibilité d'établir tous aqueducs, viaducs, ponts, ponceaux, digues, quais, barrages, réservoirs d'eau, fosses de tous genres, etc., etc.;

17° Pour avoir reconnu l'extrême solidité et la grande économie des blocs et massifs ayant pour but de fixer au sol toute espèce de machines;

18° Pour avoir reconnu la possibilité de faire des longuerines en béton pour supporter les rails des chemins de fer.

Enfin, pour toutes les applications trop longues à énumérer où lesdits bétons peuve être employés avec un grand avantage d'économie et de solidité.

Parmi les travaux de maçonnerie quelconques pour lesquels je demande le prése brevet d'invention, je comprends encore la confection de tous trottoirs bordant les ru et les routes, toutes couvertures formant dallage des places et promenades publiqu des allées, cours, passages, des quais, en un mot de tous les lieux et de toutes les vo de circulation, sans emploi d'aucun asphalte ou bitume.

NOTA. Toutes les fois qu'il s'agira d'édifier des travaux de maçonnerie devant off une prise plus prompte et un plus grand durcissement, on introduira dans les bétons d crits ci-dessus une certaine dose de ciments hydrauliques quelconques.

Dans ce cas, autant que cela pourra avoir lieu, les ciments seront introduits dans second broyage.

Signé : FRANÇOIS COIGNET.

Manufacturier, à Paris, 90, rue Hauteville.

Vu pour être annexé au certificat d'addition pris le 29 mars 1856, par le sieur Coign

Paris, le 24 juin 1856.

Pour le ministre et par délégation.

Le chef de division,

Signé : E. JULIEN.

Pour expédition certifiée conforme.

Le chef de bureau délégué,

Signé : AUDIGANE.

EMPLOI DU BÉTON

ADDITION

AU BREVET DU 29 MARS 1855 (N° 22,994)

COIGNET

(18 novembre 1858)

DEMANDE

D'UN CERTIFICAT D'ADDITION

AU BREVET D'INVENTION DU 29 MARS 1855 (N° 22,959)

POUR L'EMPLOI DE TOUTE ESPÈCE DE BÉTONS DANS LES CONSTRUCTIONS EN GÉNÉRAL

Par M. COIGNET (François), manufacturier à Paris
Représenté par M. Émile BARRAULT, ingénieur civil à Paris

MÉMOIRE DESCRIPTIF

J'ai déjà longuement exposé dans mon brevet principal et dans les diverses additions que j'y ai annexées, quels étaient les moyens d'opérer que j'adoptais de préférence pour établir toutes espèces d'habitations, de murs et de constructions diverses en bétons agglomérables, préparés d'après les procédés décrits dans mon brevet du 29 mars 1855 (N° 22,959).

Dans la présente addition, je ne reviendrai point sur ce que j'ai déjà établi, mais je donnerai tous les détails complémentaires que l'expérience et la pratique m'ont suggérés et je tâcherai de faire apprécier la nature précise du privilége que j'ai réclamé.

Mon but a été d'établir toutes espèces de murs, bâtiments, planchers, toitures et en général tous les travaux de maçonnerie, dans des conditions monolithiques, c'est-à-dire de telle manière que l'ensemble général de la construction soit solidarisé, et ne constitue, pour ainsi dire, qu'une seule masse, qu'un seul bloc, unique et placé en conséquence dans les conditions de la plus grande résistance possible.

Le but que je recherchais présentait de nombreuses difficultés, pressenties évidemment depuis longtemps, mais qui n'avaient jamais été résolues; je suis arrivé à une solution pratique et éprouvée, par l'emploi, dans des conditions particulières, d'un bé économique agglomérable, préparé lui-même dans des conditions spéciales que j'ai p cisées dans un autre brevet.

On a vu comment les murs étaient établis solidement par le pilonage des bétons les parties déjà construites, avec lesquelles se raccordent les parties nouvellement élev de telle sorte que tous les murs forment un ensemble inséparable remplissant les co tions que je m'étais imposées.

J'ai également exposé le système que j'adoptais de préférence pour les planchers, et reviens encore pour faire bien comprendre comment ce système satisfait aux conditi de solidarité et d'ensemble monolithiques qui caractérisent le genre de mes constructi

Afin de bien expliquer la disposition que j'ai imaginée et déjà exposée pour éta mes planchers, j'ai joint à ce Mémoire un dessin explicatif qui représente, figure 1, coupe à hauteur d'un plancher établi sur quatre murs, A, B, C, D.

Les murs A, B, sont reliés par un certain nombre de poutrelles ou traverses en fer rangées parallèlement, et dont les extrémités appuient à peu près sur toute l'épaiss du mur.

Les traverses E sont réunies les unes aux autres avec les murs C, D, par des tirants en fer, disposés symétriquement, comme l'indique le dessin, par des écrous, H, à cha extrémité.

On peut réunir les tringles aux traverses, comme l'indique la section, fig. 2.

On pourrait employer soit des tringles croisées au lieu de tringles et traverses, soit tringles, des traverses et des poutrelles dans le cas de grandes surfaces ou encore, s'agissait de constructions de peu d'importance, des poutrelles en bois réunies par fils de fer croisés remplaçant les tringles et pris également dans les murs.

On établit ensuite à une distance d'au moins cinq centimètres au-dessous des tring traverses et poutrelles, un faux plancher qui doit avoir la forme que l'on veut donn la partie inférieure du plancher en béton, puis l'on verse du béton que l'on tasse, c prime et agglomère, jusqu'à ce que poutres, traverses et tringles soient complétem noyées dans le béton.

La surface supérieure du plancher est planée à la règle et lissée de quelque manière ce soit, puis on laisse durcir le béton et l'on retire le faux plancher; enfin, on lotion si on le désire, la surface du plancher de béton avec une solution de bi-phosphate chaux.

Il suffit alors, pour terminer, de passer une peinture sur la surface inférieure et. couche d'encaustique à la partie supérieure.

Il résulte des détails qui viennent d'être donnés que ce mode de plancher présente tous ceux qui ont été employés jusqu'à ce jour un avantage immense, comme solidi comme économie.

Comme solidité, en ce sens que chaque plancher forme une dalle unique présentan dureté et la résistance de la pierre et renfermant dans son sein des poutrelles en fe en bois qui forment tirants, disposition qui ajoute à la résistance propre des poutre à la flexion, la résistance de la dalle de béton dont la rigidité est inflexible.

Les poutrelles étant installées à juxtaposition dans le béton, comme si elles étaient dans un étui parfaitement rigide, on conçoit, en effet, que si l'on établit une charge sur un plancher de ce genre, il ne peut fléchir au milieu sans renverser les murs latéraux qui, eux, ne peuvent être renversés par suite de l'action des poutrelles qui les retiennent comme tirants.

Mais en admettant, néanmoins, qu'un plancher de ce genre pourrait se détacher des murs latéraux, il resterait suspendu et juxtaposé par les poutrelles qui traversent le béton et forment tirants, de sorte que la chute du plancher ne pourrait avoir lieu que par la rupture des poutrelles de fer obtenue dans un espace libre beaucoup moindre d'un millimètre; or, cette rupture pouvant être considérée comme provoquée sous un effort de cisaillement, offre, en conséquence, une telle résistance que le cas devient impossible.

C'est ce qui a été du reste démontré par l'expérience suivante :

Un plancher de 4 mètres 50 cent. de côté, soit d'une surface de 20 mètres carrés environ, a été disposé pour reposer de trois côtés sur des murs et du quatrième côté sur une poutre de bois faisant fonction de mur.

Ce plancher avait pour tirant trois poutrelles de fer en forme de double T de 12 centimètres de hauteur, de 6 à 7 millimètres d'épaisseur, en un mot, dont le mètre courant pesait 11 kilogrammes.

Ce plancher a été chargé d'une épaisseur de 80 centimètres de sable de rivière. Sous ce poids représentant 16 à 1,800 kilogrammes par mètre superficiel, une fissure circulaire s'est prononcée dans le plancher dont les angles sont restés en dehors de la fissure circulaire, de telle sorte que le plancher lui-même présentant un poids considérable (puisque ayant 24 centimètres d'épaisseur il représentait un poids intrinsèque de 500 kilogrammes au moins par mètre superficiel) a pu supporter un autre poids de 1,500 kilogrammes au moins, soit, en tout, 2,000 kilogrammes par mètre superficiel formant un total de plus de 40,000 kilogrammes.

Ce poids énorme, par suite de la fissure du plancher, a donc reposé tout entier sur trois poutrelles, sans que le plancher ait fléchi d'une manière sensible, quoique ce chargement soit demeuré en place pendant plus de huit jours.

Or, les mêmes poutrelles employées d'après les procédés ordinaires, n'auraient pas supporté sans fléchir, le dixième du poids indiqué.

Une autre expérience a été faite sur un plancher d'une superficie beaucoup plus considérable, ce plancher ayant six mètres de côté sur sept; une vingtaine de personnes se sont avisées d'établir une danse sur ce plancher, lequel n'a donné aucune espèce de vibration; il est donc évident que de ce mode d'emploi des poutrelles renfermées dans le béton aggloméré, résulte une augmentation considérable de la puissance des tirants en forme de poutrelles.

On conçoit que tous les planchers du même étage d'une habitation, contenant chacun un certain nombre de ces tirants, lesquels tirants peuvent être reliés entre eux par des tirants en tous sens, d'où résulte évidemment une solidité inaccoutumée par suite de la solidarité établie entre toutes les parties de la maison.

En tant que résistance de la surface au frottement, ces planchers, surtout s'ils ont été

lotionnés au bi-phosphate de chaux, peuvent résister indéfiniment aux frottements les pl
rudes des meubles. Ces planchers sont en outre incombustibles et imperméables à l'eau
à l'humidité, et jouissent d'une telle solidité que dans les usines et ateliers, on peut
fixer, sans autre préparation, toute force ou toute transmission de mouvement.

Comme économie, ces planchers n'ont pas besoin de plafond au-dessous, de carrela
par-dessus; ils n'emploient, à titre de tirants, qu'une quantité de fer beaucoup moind
que celle ordinairement usitée; l'ensemble réalise, enfin, une économie de plus d'un ti
sur les procédés ordinaires. On concevra sans peine qu'un plancher doué d'une force
résistance, à tous les moyens de détérioration, aussi complète, étant établi sur une co
struction quelconque, formera un toit imperméable, incombustible, insensible aux vari
tions de température, non conducteur du chaud et du froid; un plancher de ce gen
devient ainsi une toiture parfaite en forme de terrasse, n'exigeant jamais aucune rép
ration.

Cette application a été faite en grand à Saint-Denis, usine Coignet père et fils, et au bo
de Vincennes (maison de garde).

En outre, des toitures en terrasse de ce genre, par leur extrême solidité et imperméa
bilité, permettent d'établir des plantations, des réservoirs d'eau, en un mot, d'installer
les habitations des jardins suspendus, ce qui permet d'utiliser très avantageusement po
les habitants d'une maison, la surface même de cette maison perdue jusqu'à ce jour.

Au lieu de jardins on peut établir des tentes, des ateliers, des pavillons, etc.

Jusqu'à présent les poutrelles en fer ont servi comme supports et non comme tiran
les conditions nouvelles dans lesquelles nous les plaçons aujourd'hui satisfont au problè
que nous avions posé d'établir des constructions monolithiques; en outre, cette combin
son de plancher permet d'établir des toitures en forme de coupole, de dôme ou de simp
voûte, la poussée desdites toitures se trouvant contre-balancée par l'effet des poutrell
contenues dans les planchers eux-mêmes; c'est ainsi du reste que plusieurs maisons o
déjà été construites, renversant, pour ainsi dire, les conditions architecturales établi
jusqu'à ce jour.

En résumé, je revendique exclusivement, conformément à la loi :

1° L'application nouvelle des bétons agglomérables, établis suivant mes procédés, à
construction de tous murs, bâtiments, hangars, ateliers, etc., et en général en remplac
ment de toutes constructions en maçonnerie, brique ou pierre de taille;

2° La construction de tous planchers en bétons, établis d'après mon système, avec d
traverses, poutres, poutrelles ou tringles en fer, fonte, bois, métal quelconque, etc., et
noyées dans le béton et faisant corps avec la dalle rigide, les bétons peuvent être q
conques, préparés ou non, suivant les conditions exposées dans le brevet n° 22,939;

3° La construction de toitures en voûtes, dômes, coupoles, etc., sans aucun contrefo
extérieurs par suite de la combinaison et de la solidarité de ces voûtes, dômes, co
poles, etc., avec des murs intimement reliés à l'intérieur par des planchers constru
ainsi qu'il a été exposé plus haut;

4° Le nouveau produit industriel que j'obtiens, à savoir : des maisons économique
entièrement ou partiellement construites en bétons agglomérables de mon système,

constituant un ensemble monolithique sans précédent dans la construction et doué d'avantages spéciaux d'inaltérabilité, de salubrité, de résistance et d'économie;

5° La disposition nouvelle de maisons avec jardins à leur partie supérieure, remplaçant le toit ordinairement employé.

Je ne reviens point sur les revendications déjà faites dans mon brevet et mes additions précédentes, ne voulant en abréger aucune et désirant seulement éviter toutes contrefaçons par la loyauté avec laquelle j'expose mes moyens et procédés, et la fidélité avec laquelle je remplis toutes les obligations qui me sont imposées par la loi du 5 juillet 1844 sous la protection de laquelle je me suis placé.

Paris, le 16 novembre 1858.

Par procuration de M. Coignet,

Signé : Emile Barrault.

Vu pour être annexé au certificat d'addition, pris le 18 novembre 1858 par le sieur Coignet.

Paris, le 30 décembre 1858.

Pour le ministre et par délégation :

Le directeur du commerce intérieur,

Signé : E. Julien.

Pour expédition certifiée conforme.

Le chef de bureau délégué,

Signé : Audiganne.

Paris. — Typographie de Ch. Meyrueis et Cie, rue des Grès, 11.

www.ingramcontent.com/pod-product-compliance
Ingram Content Group UK Ltd.
Pitfield, Milton Keynes, MK11 3LW, UK
UKHW021030200726
13857UKWH00004B/1692